SHAPES
PATTERNS
LETTERS

_____

_____

_____

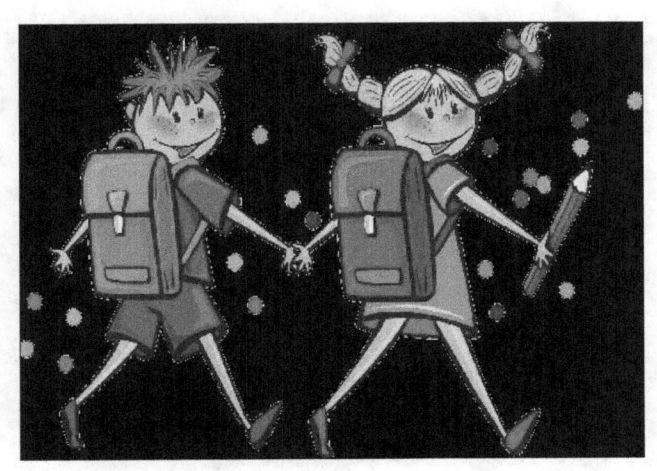

THIS TRACING WORKBOOK BELONGS TO:

_____

_____

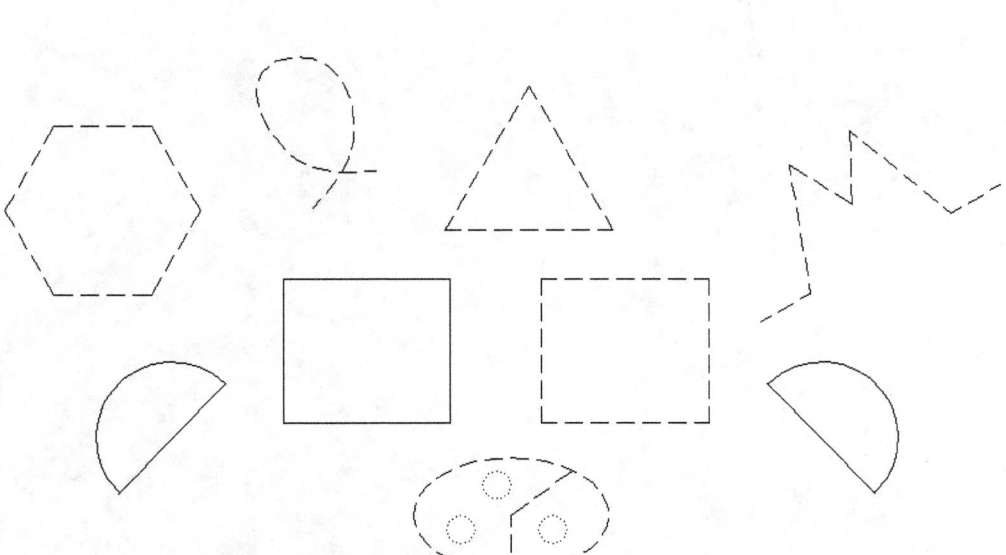

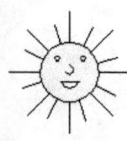 # TRACING LINES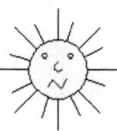

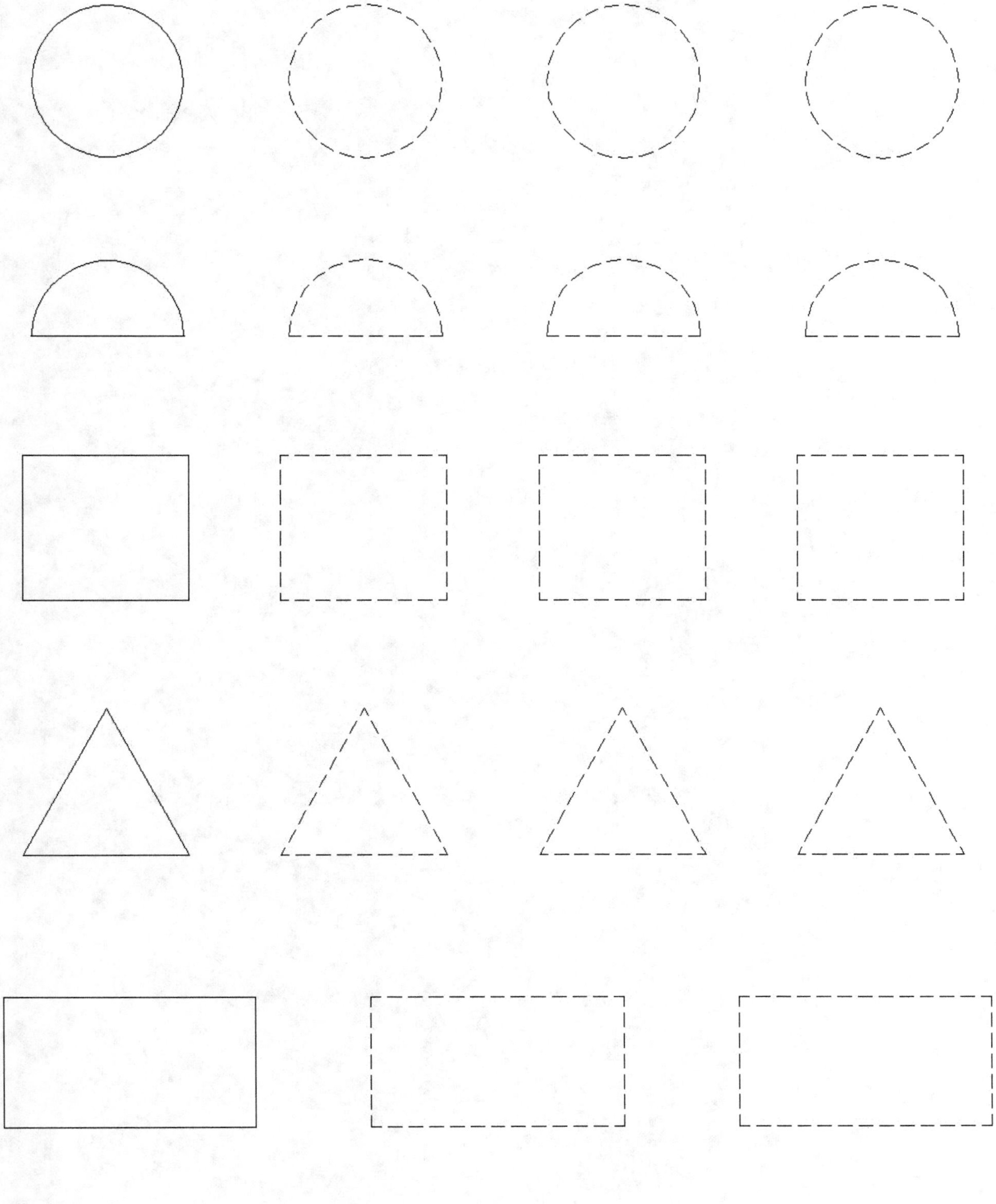

- -

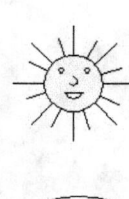 # TRACING LINES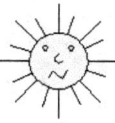

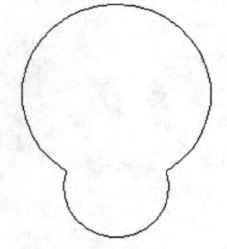 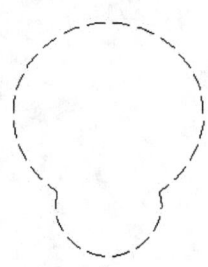 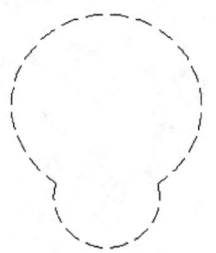 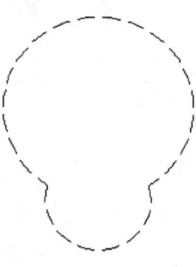

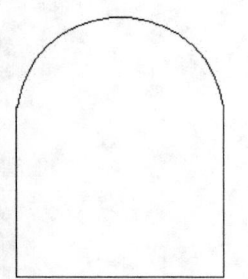 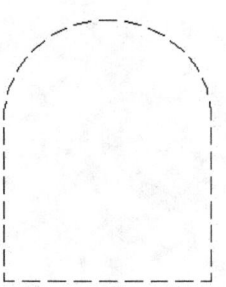 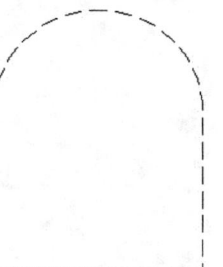 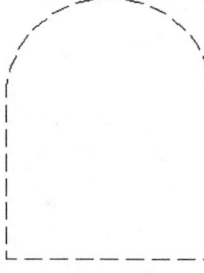

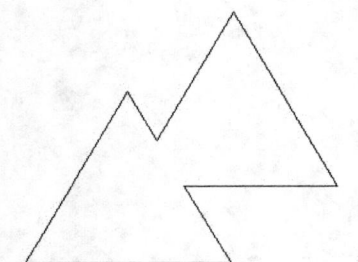 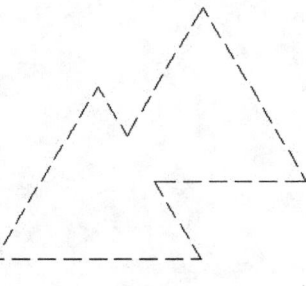 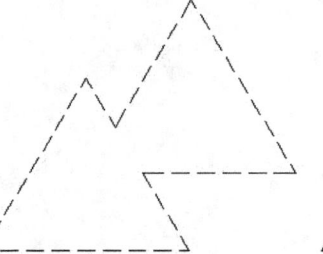 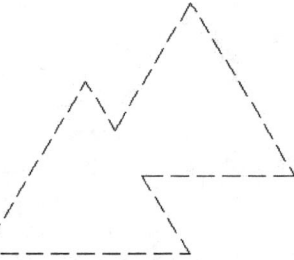

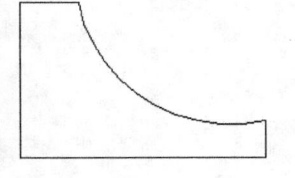 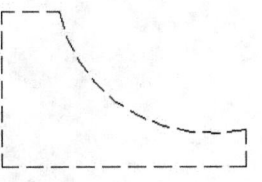 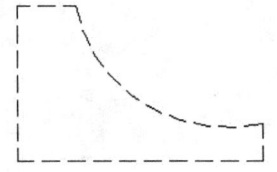 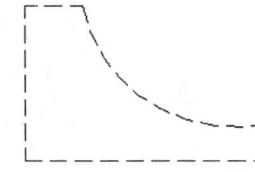

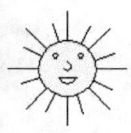 # TRACING LINES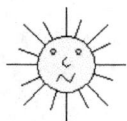

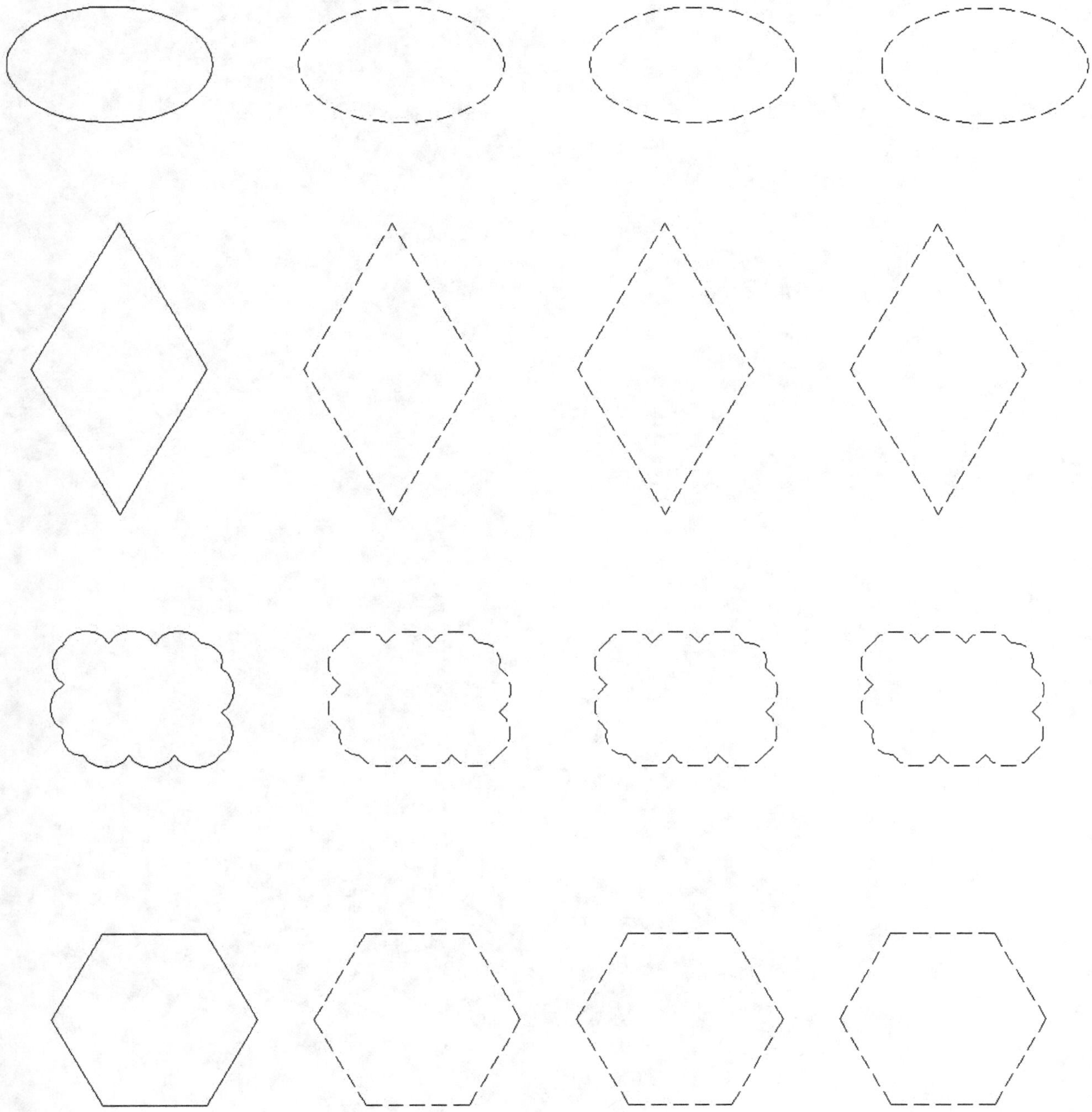

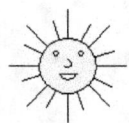 # TRACING LINES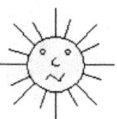

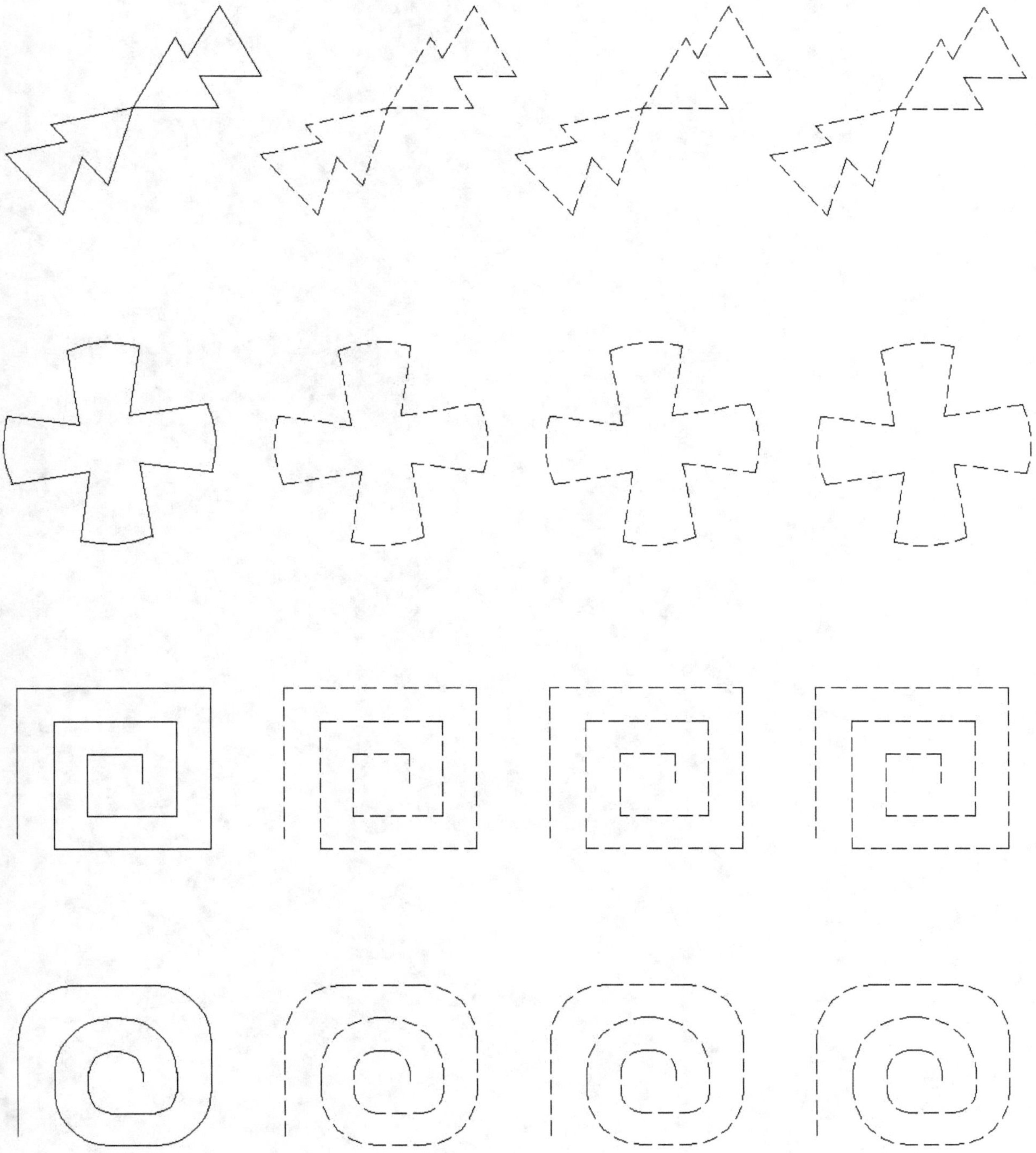

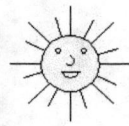 # TRACING LINES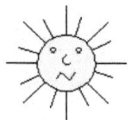

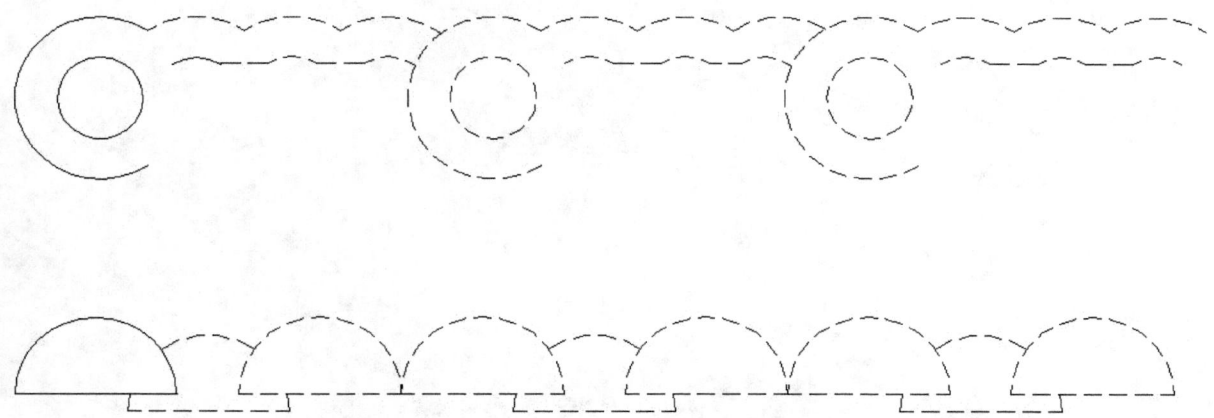

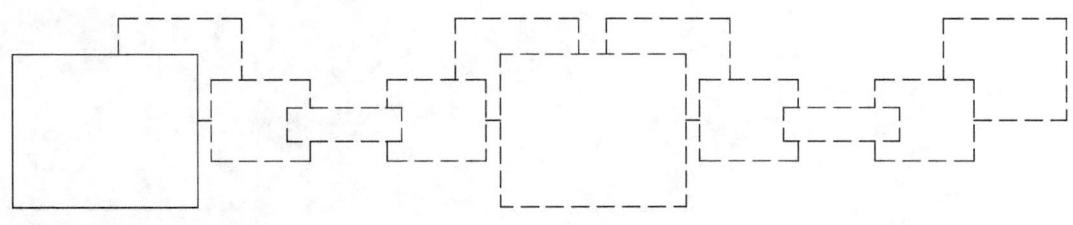

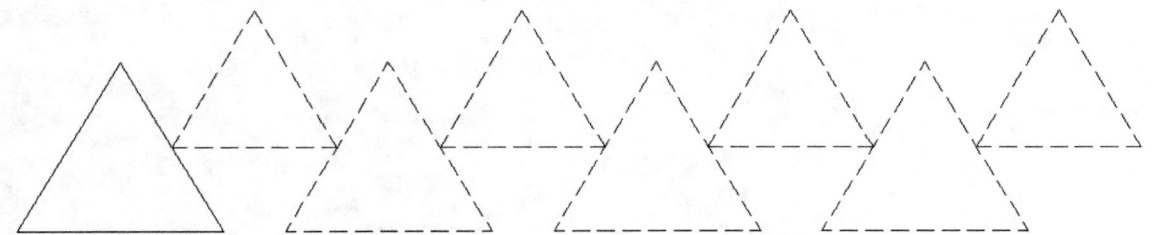

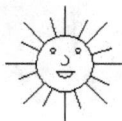 # TRACING LINES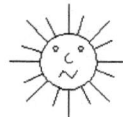

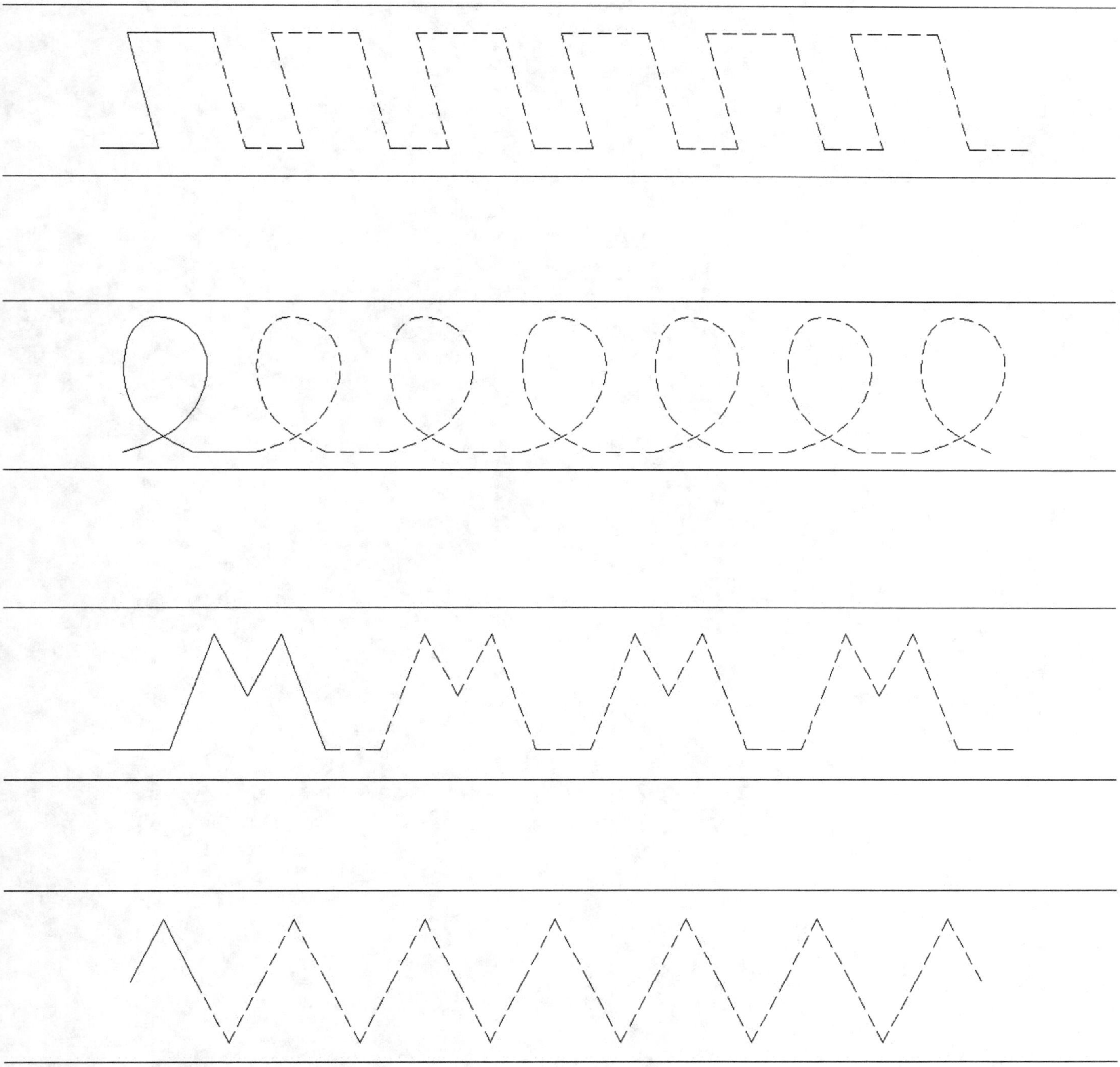

 # TRACING LINES

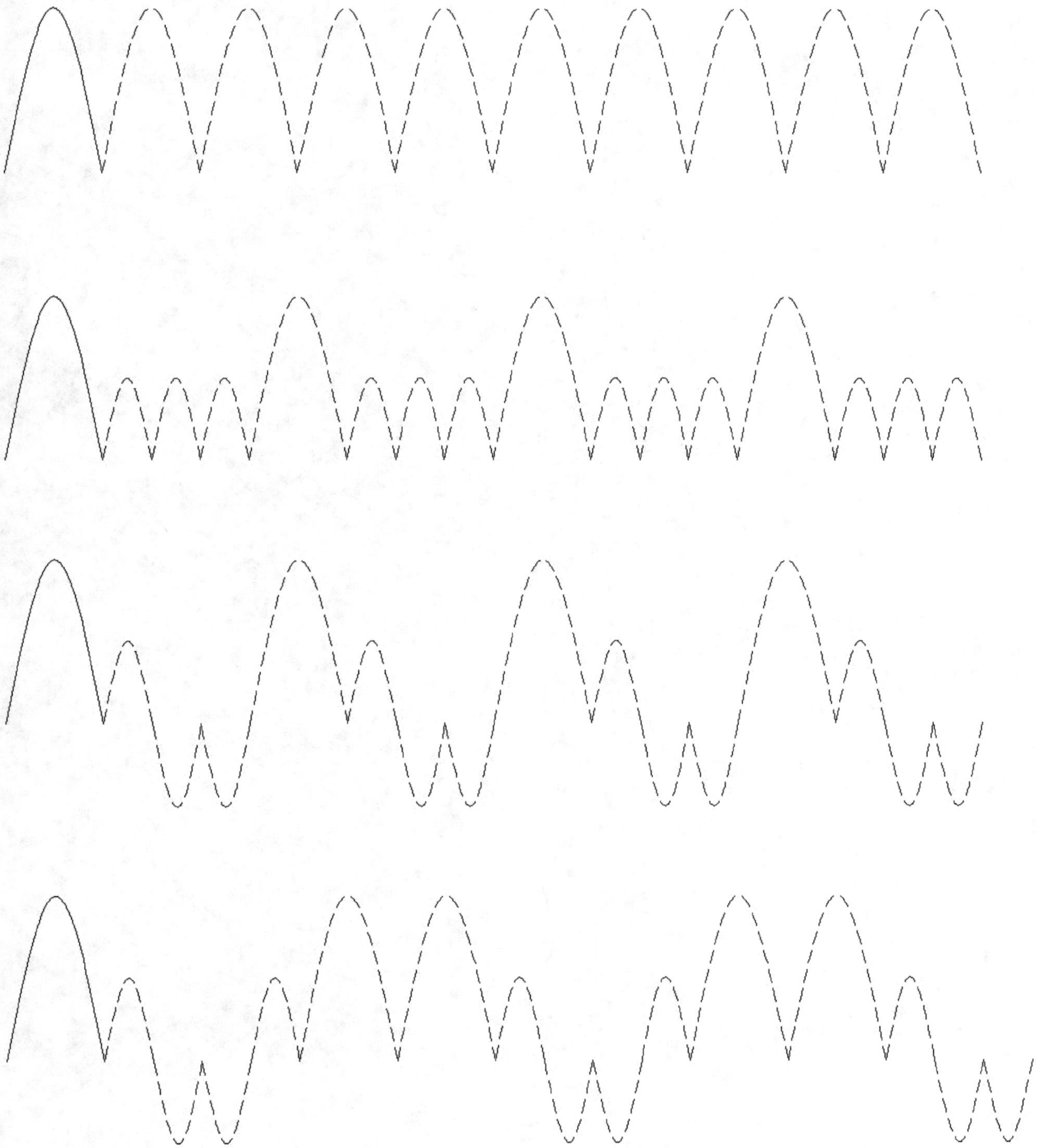

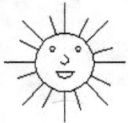 # TRACING LINES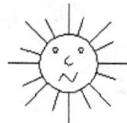

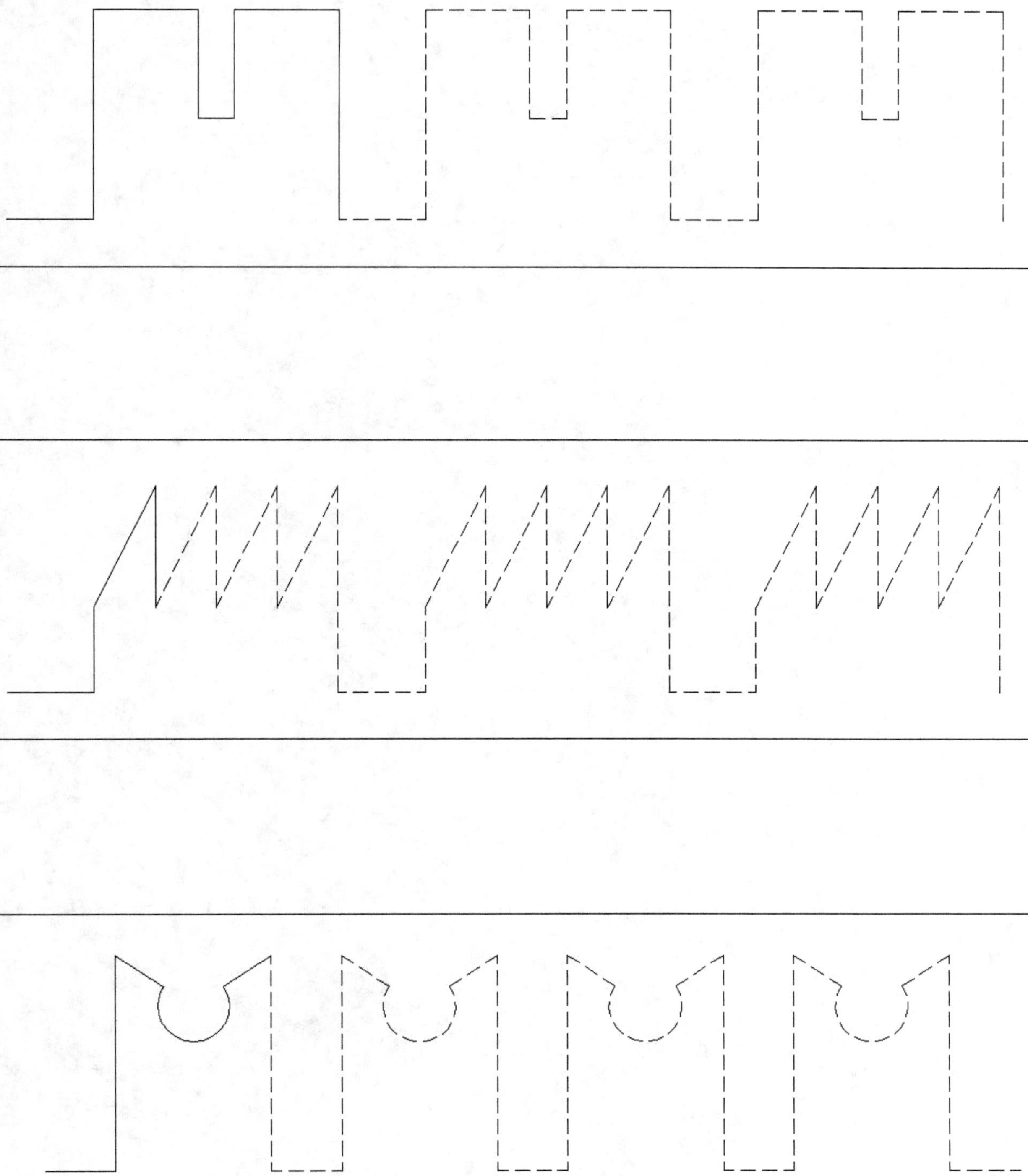

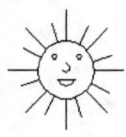 # TRACING LINES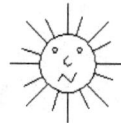

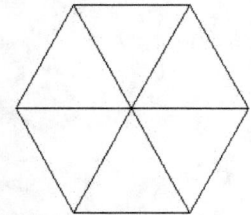 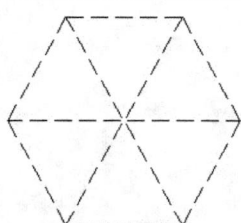 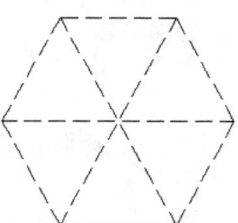 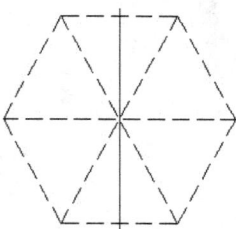

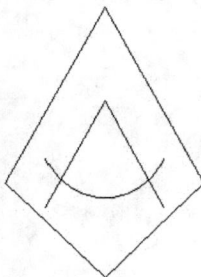 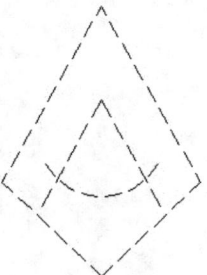 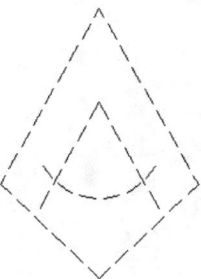 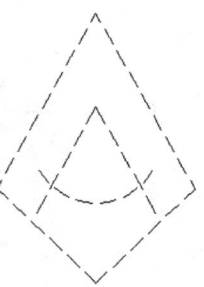

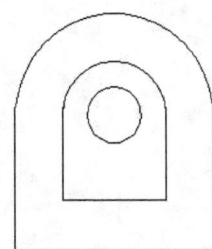 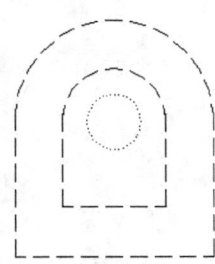 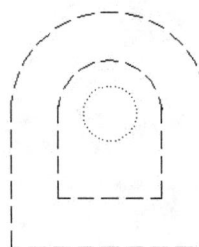 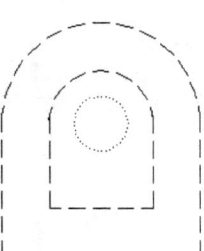

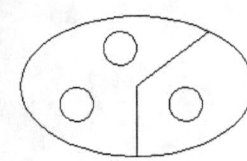 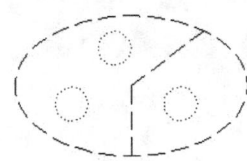 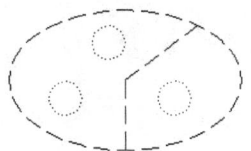 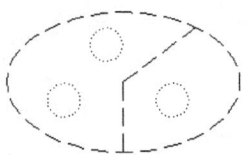

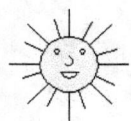 # TRACING LINES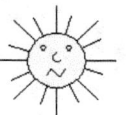

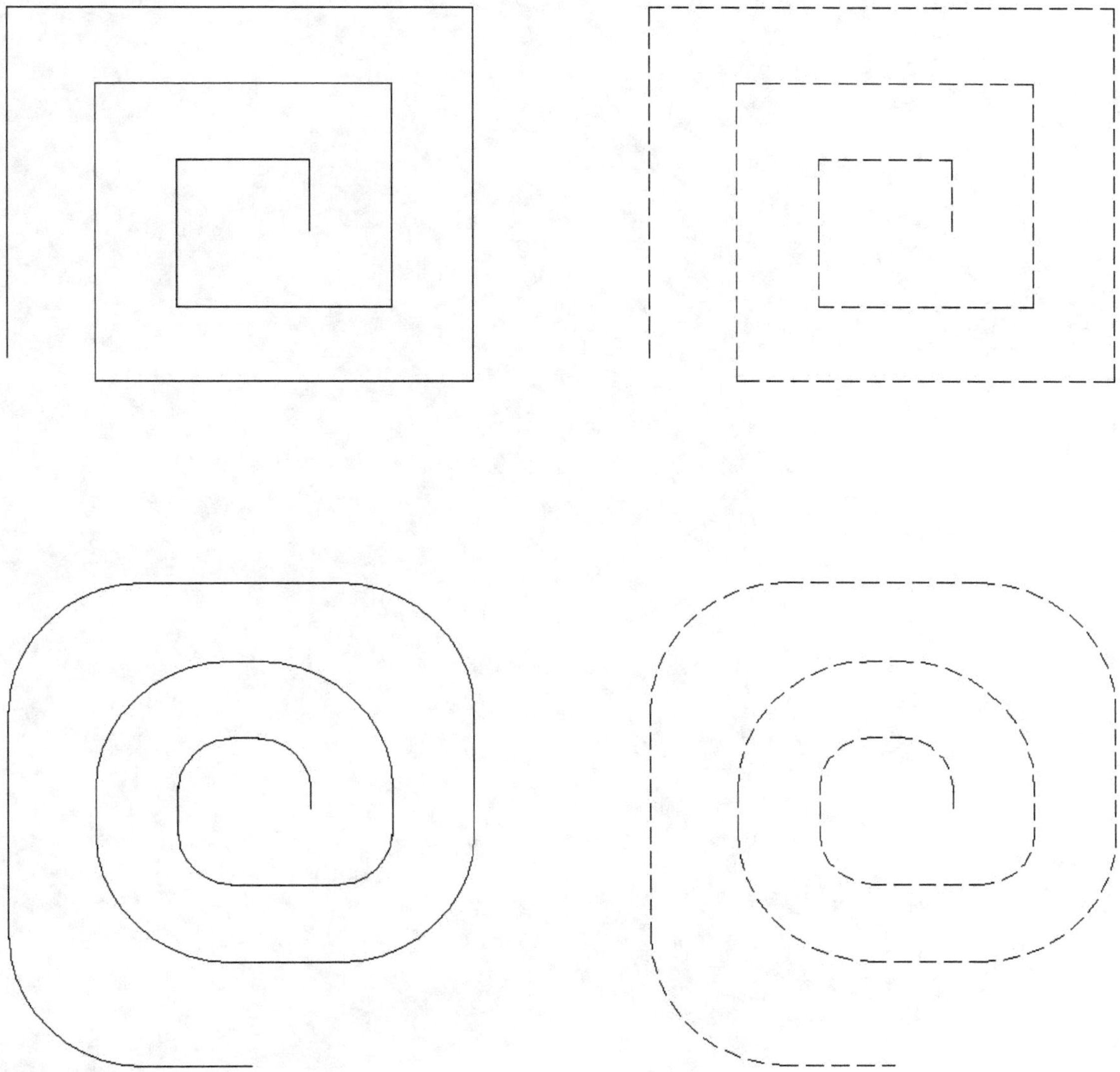

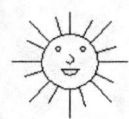 # TRACING LINES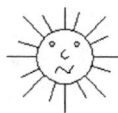

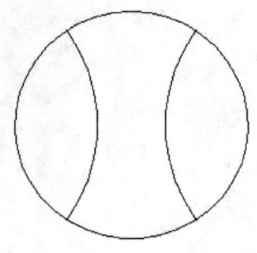 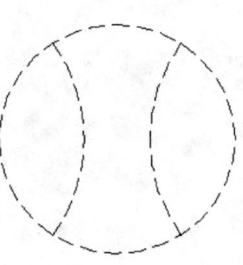 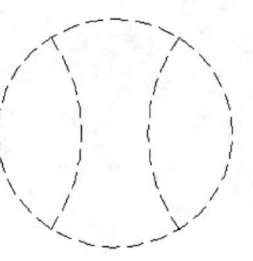 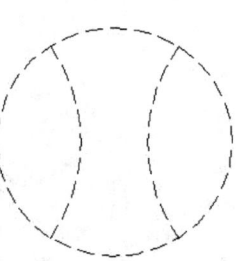

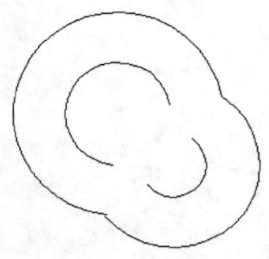 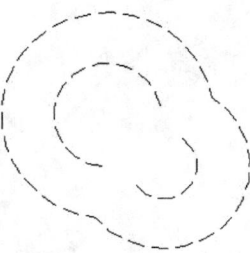 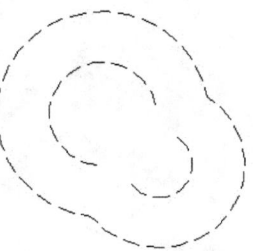 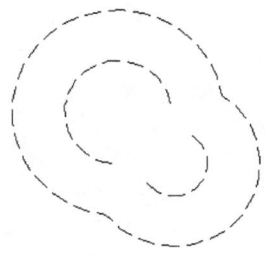

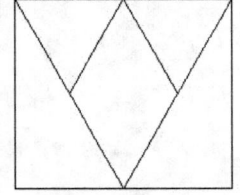 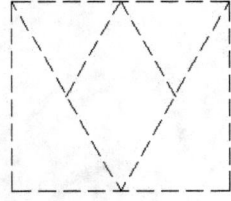 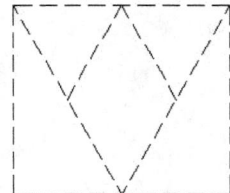 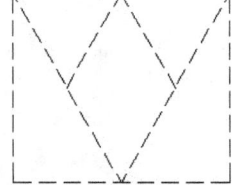

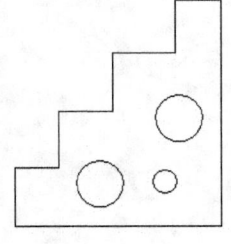 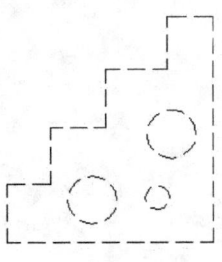 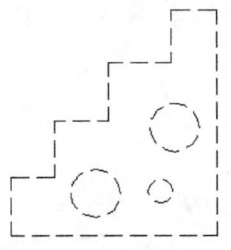 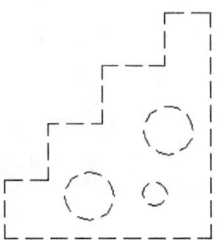

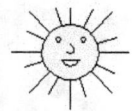 # TRACING LINES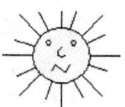

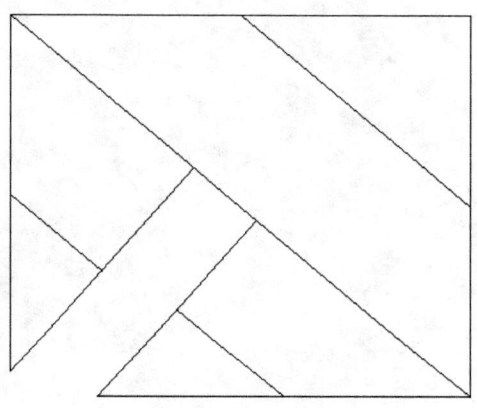 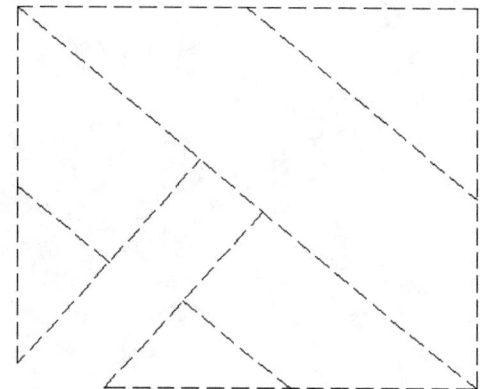

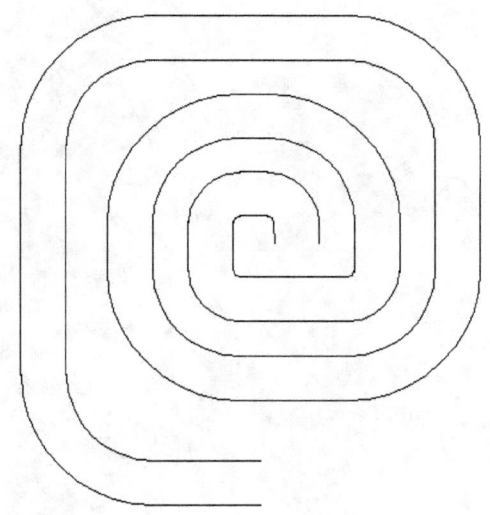 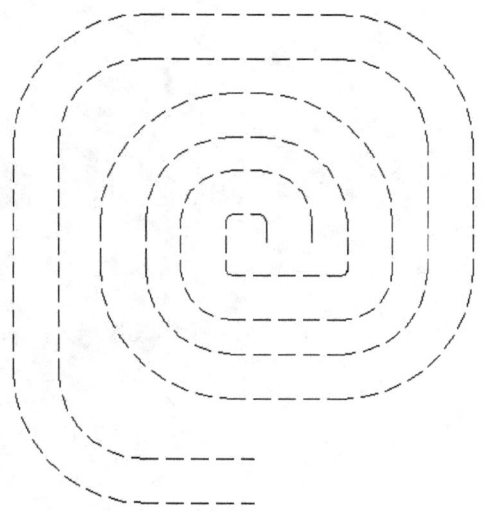

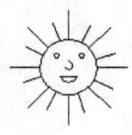 # TRACING LINES AND COLORING LETTERS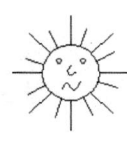

A A A A A

B B B B

C C C C

 # TRACING LINES AND CORONING LETTERS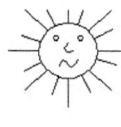

D D D D

E E E E

F F F F

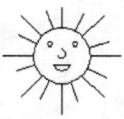 # TRACING LINES AND COLORING LETTERS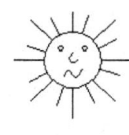

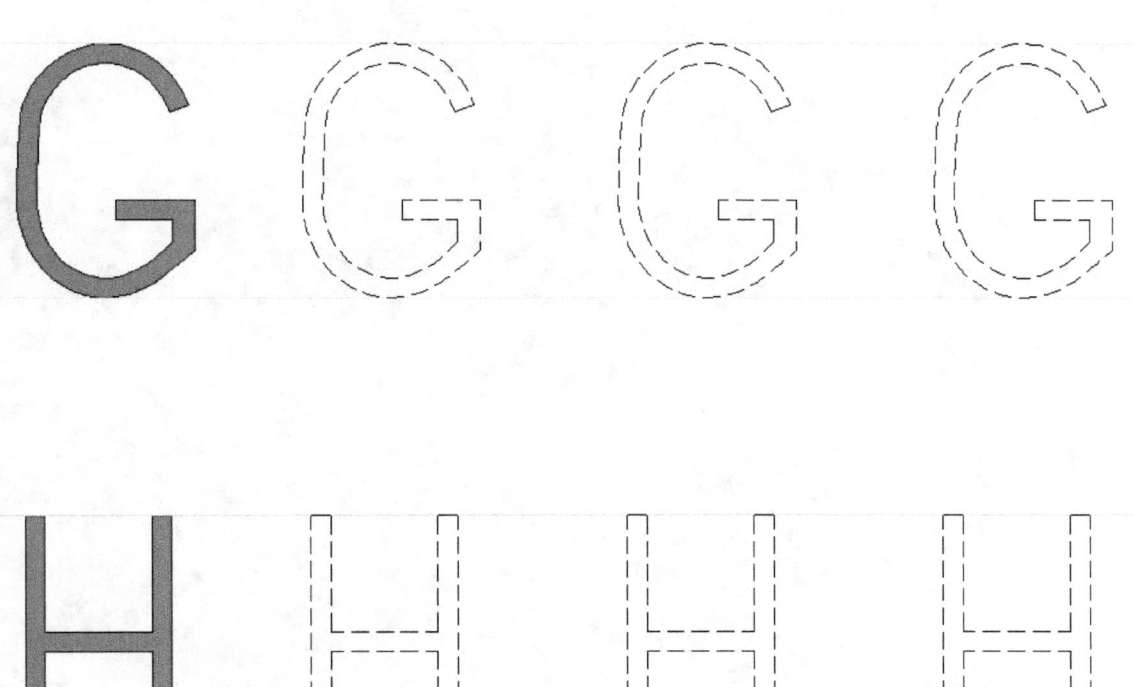

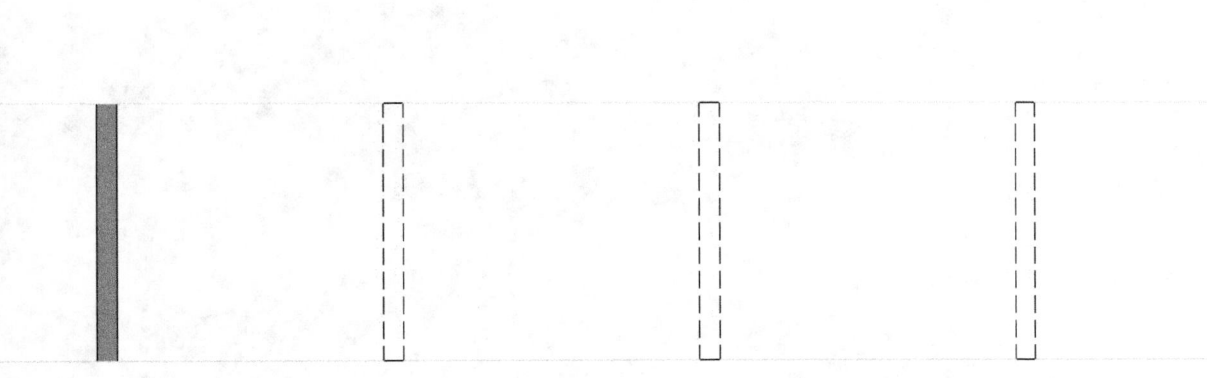

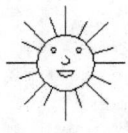 # TRACING LINES AND COLORING LETTERS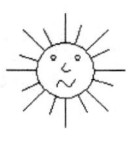

J J J J

K K K K

L L L L

 # TRACING LINES AND CORING LETTERS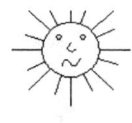

M M M M M

N N N N N

O O O O

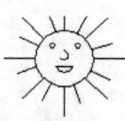 # TRACING LINES AND COLORING LETTERS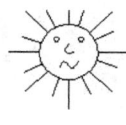

P P P P

Q Q Q Q

R R R R

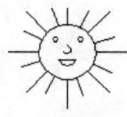 # TRACING LINES AND CORRELATING LETTERS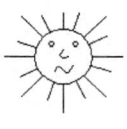

S S S S

T T T T

U U U U

TRACING LINES AND COLORING LETTERS

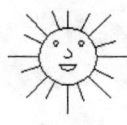 

V v v v

W w w w

X x x x

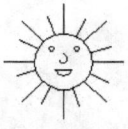 # TRACING LINES AND COLORING LETTERS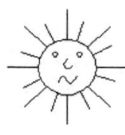

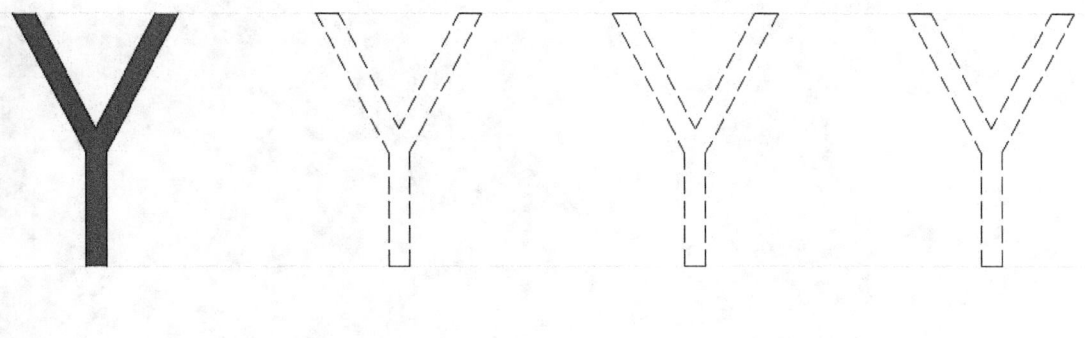

TRACING LINES AND COLORING LETTERS

a b c d

e f g h

i j k l

TRACING LINES AND COLORING LETTERS

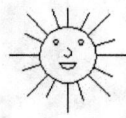 

m n o p

q r s t

u v w x

y z

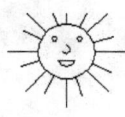 # TRACING LINES AND COLORING LETTERS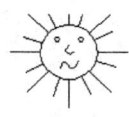

a a a a

b b b b

c c c c

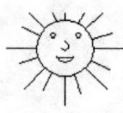 # TRACING LINES AND COLORING LETTERS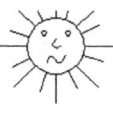

d d d d

e e e e

f f f f

 # TRACING LINES AND COLORING LETTERS

g g g g

h h h h

i i i i

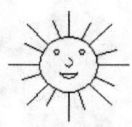 # TRACING LINES AND COLORING LETTERS

j j j j

k k k k

l l l l

TRACING LINES AND COLORING LETTERS

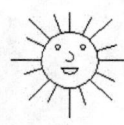 

m m m m m

n n n n n

o o o o o

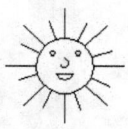 # TRACING LINES AND COLORING LETTERS

p p p p

q q q q

r r r r

 # TRACING LINES AND CORLORING LETTERS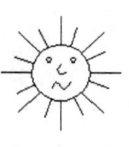

s s s s

t t t t

u u u u

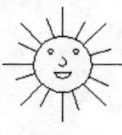 # TRACING LINES AND COLORING LETTERS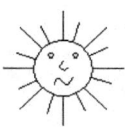

V V V V

W W W W

X X X X

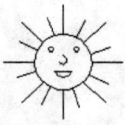 # TRACING LINES AND COLORING LETTERS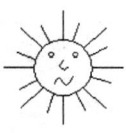

y y y y

z z z z

www.ingramcontent.com/pod-product-compliance
Lightning Source LLC
Chambersburg PA
CBHW060439220526
45465CB00008B/3196